MOSAÏQUES POUR LE JOUR QUI VIENT

Pierre Coran

Mosaïques
pour le jour qui vient

l'Arbre à paroles

Illustration de couverture *Vol en forêt* de Charlotte Massip.
shop@charlottemassip.com

J'ai le cœur mosaïque
– Poésie et musique –
Dès lors que ma plume encre
Et colore ma vie,
Ma vie de saltimbanque
Depuis des décennies.

J'ai le cœur mosaïque
– Amitié et amour –
Dès lors que le temps ancre,
À mon gré, à sa guise,
Mes bouées, ses balises
Dans l'infini des jours.

À Irène qui par la voix donne vie à la poésie

Nous marchons en ce monde
Sur le toit de l'enfer
En regardant les fleurs.

Issa Kobayashi

Métamorphose

Il m'arrive d'être un oiseau
Et de voler, ailes ouvertes,
Sous un ciel où l'aube est offerte
Tel un cadeau qui se partage,
Présent des dieux et des nuages.

Quand le jour se lève
Comme un livre s'ouvre,
Je sors de mon rêve
Et mes yeux découvrent,
Par une lucarne,
Que le soleil luit,
Que le noir s'acharne,
Que des chants s'échangent
En un chœur étrange
D'une fin de nuit.

Partance

Je suis entré en moi
Sans rencontrer de porte.
Aussitôt, mon ennui
Tel un pan de peaux mortes,
De vernis sous eau-forte
S'écailla, se flétrit.
Je me vis naviguer
Sur des chalands sans eau
À la proue de marées
Sans lune ni berceau,
À l'écart des boussoles,
Au nœud des ouragans
Et suspendre mon vol
Tel un engoulevent.
Lors, guettant le soleil
Hors de son altitude,
Invisible et pareil
Aux levants qu'il exsude,

    Je me mis en exil,
    En attente d'aveu
    Entre la mer et l'île
    Et la bise et le feu.

Lorsqu'enfin, je vis la lumière
Cercler ma nuit d'une auréole,
Il me plut, dès les yeux rouverts,
D'avoir recouvré la parole.

Utopies

Je cultive mes utopies.
À la façon des fleurs de serre,
Qui ambitionnent, en leur repère,
Les chimères et les mirages
Que se forgent les fleurs sauvages.

L'esprit rêveur, en visionnaire,
Je sème, sème à la volée
Des grains, des graines ordinaires
Et je m'attends à récolter
Des gardénias, des orchidées.

En mon jardin imaginaire
Que je m'inscrive, en parallèle,
Dans le vrai et dans l'irréel,
Partout où je me réfugie
Mes utopies sont fleurs de vie.

Empathie

Si de notre existence,
Une empathie émerge,
En laissant sur la berge
Comme une délivrance
Le joug des jalousies
Arias, hypocrisies,
Faux-semblants et faux jours,
L'esprit paraît moins lourd,
Le temps moins versatile.

En semblable état de vigile,
Si l'écoute nous entremet,
Si le respect nous surélève,
Le jour est ce qu'il est,
La nuit ce qu'elle rêve.

Espérances

Comme l'arbre a sa sève
Et le ruisseau son eau,
En moi s'écoulent, en rêve,
Des myriades d'oiseaux.
Sont-ce là les prémices
D'une vie reconquise
Afin que l'humain puisse,
Sans l'interdit funeste

Aux cœurs aimants qui restent,
Retrouver sans tarder,
Sans masque et main tendue
La liberté d'aller
Et d'agir à sa guise
Forcément désapprise
Lors d'un isolement.
C'est souvent d'un tourment que renaît le partage.
Vivre une aube à la fois est un présent des sages.

Renaissances

Lorsqu'enfin contrarié,
Un mauvais sort perfide
S'estompe sans remords,
Le bon sens se débride,
Recrée le tête-à-tête
Et derechef s'honore
De renouer les fêtes
Par-delà les reports.

C'est issue des racines que la sève de vie
Rayonne jusqu'aux cimes et les revivifie.
Jamais destin ne se régule, il fait semblant.
Lors, en bohèmes, prenons le temps,
Prenons le temps d'être nous-mêmes.
Et pour cause,
Il est des papillons bien au-delà des roses.

À fleur de vie

À fleur de vie,
À fleur de vagues,
Le temps nous lie,
Les ans nous taguent.

L'horizon plat se plaît, s'assigne,
Sans compas, à tirer la ligne.

À fleur de vie,
À fleur de vagues,
Le cœur se lit,
L'esprit s'élague.

Sur l'horizon qu'il ennuage,
Mon ciel refait son maquillage.

À fleur de vie,
À fleur d'image.

Aimer

Et si sans un brame,
Aimer son prochain
Était un vaccin,
Le vaccin de l'âme ?

Si du fond de soi,
S'aimer sans le dire
Était à la joie
Ce qu'est le délire ?

Fruit de la raison
Ou né par magie,
L'amour d'une vie
N'a pas de saison.

Dans le secret des profondeurs

Dans le secret des profondeurs,
Il est des eaux, des eaux sans âge,
Présents des nues et des nuages,
Des sources, des rus, des rivières
À fond de puits, à ras de terre,
En leur champ d'ombre et de lumière.

Dans le secret des profondeurs,
Il est des feux, des feux peu sages
Qui sommeillent, qui s'éternisent,
Se réveillent, se volcanisent,
Couleurs, fureurs en étalage,
De l'entresol jusqu'aux étages.

Dans le secret des profondeurs,
À cran d'esprit, à flanc de cœur,
Il est des idées qui promènent,
Au creux des ans, au fil des âges,
Des flots de mots, fièvres d'images,
Et se décalquent en poèmes
Sur fond de toile et de bohème.

Vigie

Quand le temps me projette
Au faîte des coteaux,
Je me crois, tout là-haut,
Mué en sémaphore
D'où je repère et guette,
Blotti, à contrevent,
Les signaux des tempêtes,
Le feu des sentiments.
Je suis celui qui peut,
Sans hâte et sans façon,
Se repeindre les yeux
À d'anciens horizons,
Privilégier l'écoute
Entre raison et doute,
Être le champ d'épeautre
Ceint entre deux vallées.
Et se réincarner
Tout en se sachant autre.

Et dès lors, me complaire
À vaguer, çà et là,
Pour cerner la lumière
Des ténèbres d'en bas,
Descendre des falaises
Sans penser à la corde,
Au vertige, au malaise
Que le présent saborde

Puis m'éloigner en hâte
Et sans malentendu
Avant que se démâte
La chaîne du chalut.

Spirale

Si je change de scène,
De regard, d'habitude
Tel un lézard de plaine
En quête d'altitude,

Si je fuis l'eau des crues,
Des houles, des tempêtes
Qui s'étiolent, s'hébètent
En des voies sans issue,

Si je me fais la malle,
Crains les contre-courants,
Si je marque une escale
Quand le vol est pesant,

Et caresse, sans heurt,
Sous le joug de l'épreuve
L'espoir d'une lueur
Sur une terre neuve,

C'est par souci de vivre,
De répondre présent
Quand s'ouvre le grand livre
Sur l'échelle du temps.

Au long cours

Quand le Temps majuscule
Se délivre d'hier,
En noie les tentacules
Sous un lit de poussière,
J'assume le transfert
Vers un proche avenir
Dont le lointain brumeux
S'auréole et se mire
Pour le plaisir des yeux.

Et tout me prédestine,
Sans que je le réclame,
À gérer l'amalgame
Entre un présent vécu
Et l'écho des racines.
Le Temps qui marche et court
Préserve et avantage,
Par-delà les présages,
Les saisons de l'Amour.

Le secret

Les nuits où je ne rêve pas,
Je prends le train de l'insondable
Qui aboutit en contrebas
De l'antre où le Diable cultive,
  À front de rives,
Les fleurs du mal chères à Charles.
Ce satané mystère opaque
Est le secret des insomniaques.

Je le sais par un couche-tard
Qui arpentait le quai de gare
Tout en promenant un ballon.

Je m'interromps…Mon train repart.

L'heure blanche

C'est l'heure blanche et matinale
Où hors des clapotis s'immisce
Un silence de cathédrale
Avant l'office.

Des rumeurs montent de la ville.
À la pointe de la jetée,
Immobile malgré l'ondée,
Je mire la pluie qui s'effile.

Je m'initie à son mystère,
Vent debout, entre ciel et terre
Sans que d'autres yeux m'environnent.
Pluie et mer ne sont à personne.

Être

Tel un soleil par temps de neige
La candeur est un privilège.
Elle est en nous aube et lueur

Alors que l'amertume est brume,
Qu'elle se nappe et s'accoutume
Aux ombres dérivées d'ailleurs.

Notre existence, à tour de rôle,
A ses méridiens, a ses pôles
Ce qui au sein de notre sphère
Est moins ténèbres que lumière.

Crépuscule

Au crépuscule,
Sans préambule,
Quand le jour range sa lumière,
Le soleil sombre dans la mer
Et s'y installe
À fond de cale
Sans que l'on sache,
– C'est prodigieux ! –
Où l'astre cache,
Où il détient
Et d'où il sort
L'habit de feu
Dont il se ceint
À chaque aurore.

Comme les mers

J'ai des digues comme les mers.
Si je les arpente le soir,
Je chasse en moi les idées noires.
Et si je les parcours la nuit
Toute morosité me fuit.

Je n'embouteille pas mes rêves,
Mes espoirs et mes idéaux.
Je les confie à un oiseau
Qui d'un phare les surélève.

Mais dès que l'aurore appareille,
Je me lève avec le soleil
Et me nourris de sa lumière
Comme les étoiles de mer.

Apparence

L'être vivant, en son miroir,
Image en lui une apparence

Mais la magie d'un crayon noir
Révèle au jour sa transparence.

   Comme le lierre,
   Comme la vigne,
Elle est entrelacs et reflets.

L'être caché soigne le geste,
   Peuple le signe,
Cercle l'intime et la mémoire.

Et au final, à contre-allée,
Rien n'est à voir, tout à rêver.

Évasion

À l'heure où l'aiguille du temps
Sur les cadrans retend son fil,
La vie n'est jamais immobile.
Sans passe-droit, sans entrelacs,
Mon clair-obscur soudain s'entoile
Comme un Caprice de Goya.

Je me démasque, me dévoile,
Me dépouille de tout fardeau,
De mes ors, de mes oripeaux,
Mais me sens néanmoins nanti
De la puissance intemporelle
D'une gargouille de parvis.

Et je me dis qu'en parallèle,
Le jour où mon miroir se fêle,
Nul besoin d'être chrysalide,
Ou un Vishnou, ou un Ovide,
Pour assumer au gré des pauses,
De fictives métamorphoses.

Périple

Il m'arrive parfois d'éprouver le besoin
De m'en aller marcher vers ailleurs, seul et loin,
Sans pour autant quitter cet espace de vie
Qui se nourrit de rêves et de mes utopies.
Je trouve du mystère aux choses ordinaires
Et ne me lasse pas de mon état d'enfance,
Des jours d'ennui soudain, des nuits de fulgurance.
La terre et les cailloux s'épuisent sous mes pas
Et les heures s'effilent comme des chevelures.
Je m'en ressens captif, en accepte l'augure.
Et dès lors, évitant méandres et détours,
Je me remets en marche jusqu'aux sables des jours.

Je gravis des collines
Traverse des hameaux
Que le sable calcine
Au retour des troupeaux.
Mais dès l'instant d'après,
Je fuis les préjugés
Sans les ressentiments,
Regagne ma vallée,
Son lit de mots, d'idées
Et ses desseins secrets.
Et je suis à la trace
Les autans interdits
Attendant qu'ils s'effacent
Pour me sentir grandi.

Sur ce, en paix, sans stratagème,
Je prends le temps d'être moi-même.

Sur ma vie

La vie a ses sommets
Comme elle a ses racines,
Ses ondes, ses relais
Que le temps redessine.

Ma vie, elle a ses rives,
Ses ombres, ses lueurs,
Son courant qui dérive
Et ses saules qui pleurent.

À quoi bon enchâsser
Un final de légende
Alors qu'à fleur d'idées
Le présent s'achalande ?

Mieux vaut dans la rivière
Garder la ligne à l'eau
Et laisser aux roseaux
Leur bonheur éphémère.

Impression

Selon le cycle des saisons,
La nature est caméléon.
Des hautes cimes aux fougères,
Elle s'éteint, se régénère,
Sans qu'au présent, le temps passé
Ne soit la source de regrets.

C'est là que je suis proche d'elle,
En harmonie, en parallèle.
Nous vivons sous un même ciel,
Un même vent nous échevelle.
L'aube et la nuit nous sont jumelles.

Quand dans mon bois, je me balade,
Je ne me retourne jamais.
J'ai l'impression, par les sentiers,
Par les clairières, les cascades
Que je côtoie l'éternité.

Nuages

À la tombée du soir,
La pluie est une amie.
Elle est mélancolie,
Tristesse provisoire,
Tristesse passagère,
Propension singulière
En attente de nuit.

Si j'ai l'âme morose
Ou quelque nostalgie
Sans situer la cause,
La pluie reste l'amie
Qui me métamorphose.

Aspiration

Il est des midis sans aiguilles
Où le temps se recroqueville
Et trouble la ronde des heures.

Il est des minuits immobiles
Dont les zones d'ombre s'exilent
Sans trouver un nouvel ailleurs.

Mais la nature a un réveil
Et sur son cadran, elle veille
Au juste retour du soleil.

Ciels de ville

Les ciels de ville vus d'en bas
Sont des sanguines, des ventouses
Imbriquées au hasard des toits
Qui les envient, qui les jalousent
Sans que l'on soupçonne pourquoi.

Les ciels de ville vus d'en haut
Sont des étoles où se cousent
Des champs de bleu, des pans de brume
Dès qu'un jour neuf enfin s'allume
Et se déploie à claire-voie.

À l'horizon, les ciels de ville
Qu'ils se dessinent, se médaillent,
Qu'ils pleurent, rient, ou se grisaillent
Ont les contours, ont le profil,
Ont les couleurs des ciels d'ailleurs.

Lumières

Depuis des millénaires,
  Air, mer, terre,
Le jour a sa lumière
Qu'il procure, à foison,
Aux ciels de l'univers.

Depuis des millénaires,
  Air, mer, terre,
La nuit a sa lumière
Qu'elle offre, à sa façon.

Elle luit au dehors,
Au-dedans nous éclaire
Sans qu'elle nous encombre.

Les vraies lumières
Marchent à l'ombre.

Ostende

Ostende, ville et mer,
A sa propre lumière,
Sa gamme d'horizons
Même si elle traîne
Un ciel de porcelaine
Au-dessus des maisons.

J'aime l'écouter bruire
Quand la nuit la revêt,
La voir se dévêtir
À l'heure où le jour naît,
L'embrume ou l'ensoleille.

Je suis marin de veille
Au sacre des saisons.

Aurore

L'aurore d'aujourd'hui
N'est pas celle d'hier,
Elle a les mêmes bruits,
Pas la même lumière.

L'aurore est au réveil
Compagne de la pluie
Ou veuve du soleil.

Fenêtre grande ouverte,
Quand je l'écoute naître,
La regarde chanter,

C'est une découverte,
Une estampe à connaître,
L'éther à méditer.

Matin, aube ou levant
Depuis la nuit des temps,
L'aurore, fée ou sœur,
Ignore la laideur.

Voiles

Comme des outres de lumière,
Les voiles blanches des bateaux
Ont la beauté des lavandières
Qui noient d'écume les roseaux.

Et elles ont la même peau
Gorgée de sel, ivre de vent,
Le même ciel comme chapeau,
Le même sabot de bois blanc.

Quand le soleil part en croisière,
Les voiles blanches des bateaux
Ont la fierté des lavandières
Qui s'en retournent au hameau

Et elles ont les mêmes rides
Sur leur visage fatigué,
Le même tablier humide,
Le même regard étoilé.

J'aime les voiles des bateaux
Pareilles à des lavandières
Qui marcheraient droit sur les eaux
Les bras tendus vers la lumière.

Sirène

La sirène dans le brouillard
Se marie aux flots rugissants.
Dérangés, des oiseaux s'effarent,
S'envolent, tournoient en criant.

Un soleil encore incertain
S'entrevoit, s'allume soudain.
La sirène aussitôt se tait.
Et son grand bateau apparaît.

Sur ce, je quitte la fenêtre
Que je laisse, un temps, entrouverte
Pour que l'air marin y pénètre.
Une question me déconcerte :

À cet instant, je me demande
Si consigné hors son repaire,
Ce vent est la fille de l'air
Ou si du large, il est l'offrande ?

Fjords

J'ai les yeux et j'ai les oreilles
Du paquebot qui appareille
Et qui m'emporte vers les neiges
Où la nuit blanche à minuit siège.

Là-bas, des îles en errance
S'ornent d'un phare beau à voir,
Et de cascades ceinturées
Comme des voiles de mariée.

Il m'a fallu un jet de chance
Pour que je voie, en souveraine,
Émerger des flots la baleine
Qui peupla mes rêves d'enfance.

Depuis, je répète à tout vent :
Vue d'un navire ou autrement,
Ma Norvège a ses sortilèges,
Son charme et ses enchantements.

Aube

Un coq en voix, un ciel rubis,
Un paon sans roue dans le jour gris,
Chien qui aboie tuent le silence.

Dans ma mangeoire, à suffisance,
Des pies, des merles, des corneilles
Piquent des graines de soleil,
   À leur manière
Sous les yeux d'un hibou de pierre.

De la cour où je les regarde,
Conquis, blotti en ce décor,
Je mesure l'instant de vie
Que tant de villes nous envient :

Le privilège d'une aurore.

Horizons

Si l'horizon n'est pas la mer,
Il est un seuil de flottaison
Qui me libère des contraintes,
Des méandres du labyrinthe,
De l'éolienne des passions.

Si la mer est mon horizon,
Elle accomplit la destinée
De mes hauts monts, de mes allées,
De mes marais, de mes marées.

La mer a son lointain.
Mes bateaux s'y attardent
Et ouvrent leurs chemins
Aux yeux qui les regardent.

Orage

Il me plaît d'admirer un de ces ciels d'orage
Qu'une noirceur empèse
Où des oiseaux se terrent, se blottissent, se taisent,
Attendant sur la plage
La pluie en héritage.

Sous des nues affligées de nuages trop lourds,
Des phares s'embastillent, s'éclairent tour à tour.
Il naît des embellies,
En tout point mémorables.

De ce fait, il ne reste, sans aucun préalable
Que le bruit des marées sur la râpe des sables.

Partage

Les bateaux en partance
Qui s'éloignent du port
Sont pour moi, dès l'abord,
Des rêves en errances.

Quand, pavillons au vent,
Ils abordent la mer,
Je reviens en arrière
Vers les bateaux à quai,
Alignés, pont désert,
Et comme inanimés.

Pareil port, en conscience,
Prépare un avenir
Mais s'il est de plaisance,
Où en est le plaisir ?

Renouveau

Printemps revenu,
Les flots sont champagne,
Les ponts en chahut, les mâts en cocagne.

Que meurent les hivers et les horizons fuis,
La supplique à la mer
Des grands oiseaux de nuit.

Que reviennent les flots et leur paume d'écume,
Le varech qui se hume
Tel une fleur en pot.

Que les bateaux en manque, à nouveau se succèdent
Comme des saltimbanques sur une corde raide.

Dès que ma fenêtre
Ne miaule plus,
Je me sens renaître,
Printemps revenu.

En forêt

Sur la ligne des jours,
Apparats et atours,
Une forêt, le soir,
Est un grand reposoir

Que la nuit s'approprie
Comme l'ombre édifie,
Révèle et exorcise
Le tympan des églises.

Au seuil d'une forêt,
J'ai planté ma demeure
Où sans mur de clôture,
Et les yeux aux aguets,

J'y vis en éclaireur,
En curieux de nature
Parmi des écureuils,
Oiseaux et papillons

De la pousse des feuilles
À la défeuillaison.

Liberté

Étreindre un chêne ou un rocher
Sans mise en scène,
Les yeux fermés,
Sourd aux sirènes du passé.

Étreindre un chêne ou un rocher
Sans anathème,
Sans vain regret.
Être soi-même en liberté.

Il est de vrais trésors
Qui se cherchent en nous
À l'image de l'or
Dans l'eau et les cailloux.

Oiseaux

Beau est l'oiseau de paradis
Sous le soleil, la pluie, le vent
Et géant celui qui franchit
Pics et déserts, les océans.

Sage est l'esprit qui les conjugue
Comme le ballet et la fugue.

Cette harmonie, quoi qu'on en dise,
Qui règne sans hausser le ton
A la faculté, le pouvoir
De me dégrafer la mémoire,
De peindre en bleu mes aubes grises,
En vert mes zones d'horizon.

Oiseaux, oiselles, oisillons
Sur terre, en mer, mouches ou lyres,
Sont ma passion, mon élixir.

Dilemme

Il est patent, depuis des âges,
Que les chouettes, les hiboux
Sont des oiseaux que l'on dit sages.

Je voudrais être à leur image,
Très proche d'eux et sans tabou.
Mais ces rapaces sont nocturnes.

Ce constat me rend taciturne.
N'est-il pas admis, d'ordinaire,
Que la sagesse soit lumière ?

Ode à l'arbre

Quand tu t'enracines,
Anoblis la terre,
Tes fleurs en vitrine
Captent la lumière.
Si l'été t'honore,
Cime et haut-le-corps,
L'automne te cueille
Comme un grand cahier
Qu'une main défeuille
Ou strie le papier.
Si l'hiver t'écorce,
Le printemps s'efforce
De te rhabiller.
Ton bois cercle l'âge
Qu'il feint d'ignorer.
Mi-jour, mi-ombrage,
Tu es à l'image
De ta destinée.

Migration

Messagers saisonniers
Des forêts et des sables,
Les oiseaux migrateurs
Mettent fin à l'ampleur
D'un vol interminable.

Des bourgeons printaniers
Jusqu'aux valses des feuilles,
Mes arbres en accueillent,
Les rendent familiers.

Et sur un banc assis,
Sous un écran de branches,
Leur vision m'attendrit
Et leurs chants m'endimanchent.

Vœu

Une étoile a filé.
Elle a quitté la zone
Des champs ennuagés.
Il naît des ombres jaunes
Sur l'horizon voilé.
La brume est cerf-volant.
Des oiseaux s'égosillent.
Comment, en ce moment,
Ne pas louer la vie ?

Une étoile a filé
En cette nuit d'été.
À quoi bon faire un vœu ?
L'étoile est dans tes yeux.

À tour de rôle

Rien n'empêche un oiseau
Venu d'un pays plat
De se poser, là-haut,
Sur une citadelle.

Rien n'empêche une oiselle
Venue d'un gratte-ciel
D'atterrir, ici-bas,
Sur un barreau d'échelle.

De prendre pour le mieux,
Au mépris des distances,
Le temps qu'il faut à deux
Pour faire connaissance.

Rigueur

Quand la rampe des jours
S'annonce raide et rude,
Nos ciels bas en retour
S'arment de solitude
Pour ne plus faire qu'un

Et pourtant s'autorisent,
Si la vague se brise
Par-delà les embruns,
Les hivers, les chagrins
À préserver l'hier
Au seuil des lendemains.

Bien que le temps nous mène à vivre
Au présent et à l'imparfait,
Jamais le sort ne nous délivre
Un passe pour l'éternité.

Sagesse

Aux porches des églises, il neigeait des oiseaux,
Ces ombres emplumées qui parent la lumière.
　　　　J'en écoutai leur cri,
En admirai l'image tout autant que le chant.

Sur le tympan des foules assujetties aux cieux,
　　　　Des harpies grésillaient
Et dans l'humaine foule, des oblats se vissaient
　　　　Aux croix de leur prie-dieu.

Soucieux de m'assagir pour mieux me reconnaître,
　　　　Je me crus obligé, sans vouloir m'avilir,
　　　　De héler le soleil
Comme on rappelle un chien dont on se dit le maître.

Étais-je parvenu au firmament des hommes
　　　　Là où l'esprit s'estampe
　　　　Sans qu'un dieu ne s'étonne ?

Automne

Quand les bois ont les cheveux courts,
La lune ceint son abat-jour
De brume pâle
Et le vent vole et le vent court
En tournoyant comme un vautour
Sous les étoiles.

Pourquoi, mon cœur, es-tu si lourd
Quand les bois ont les cheveux courts ?
Rivé aux cailloux de la cour,
Le lierre étreint dans ses doigts gourds
Une hirondelle.

Entends-tu, dans le petit jour,
Le gel affûter ses tambours
Et ses chandelles ?
Quand les bois ont les cheveux courts,
Pourquoi, mon cœur, es-tu si lourd ?

Étoile

Franchir le champ étoilé
D'une larme.

Franchir le champ alarmé
D'une étoile.

Puis sans larme,
Sans alarme,

Renaître sous le charme
Et franchir en ta compagnie
Le chant muet des galaxies.

Trêve

À l'heure où des foules pressées
Se hâtent sans se regarder,
Il m'arrive de faire honneur
Aux mérites de la lenteur.

Je prends le temps de m'ébaudir,
De recadrer mes souvenirs,
De revoir et de raviver
Des sensations apprivoisées
Mais pas ma manière d'aimer.

J'extrais « ami » du mot mari
Et je sauvegarde le « r »
Pour qu'il s'envole, se libère
Et qu'à la fin de son parcours,
Il soit celui du mot amour.

Ode à la lune

À ma souvenance,
Depuis mon enfance,

Je suis dans la lune,
Et je m'y complais.

À ma connaissance,
Sur mon mât de hune,

L'air que j'y respire,
En vraie liberté,

En dépit des ans,
Des temps à venir,

Hâte mon désir
De rester vivant.

Le grand chemin

Le grand chemin vers l'idéal
A ses desseins, ses imprévus.
Il a ses cibles, ses escales
Que maints passants n'honorent plus.

À la faveur d'un impromptu
Ou d'une opportune bouée,
Je le suis, sans plan préconçu,
Comme on suit le cours d'une idée.

À la fin de l'itinéraire,
Je me distancie du trajet
Quand, face à la réalité,
Il s'ensable devant la mer.

Le grand chemin vers l'idéal
N'a pas besoin de point final.

Similitudes

À l'image de l'univers,
L'être vivant a ses mystères,

A ses couleurs, du rouge au vert,
A ses humeurs, ses faux-semblants,

Ses contraintes et ses contraires,
Ses chauds, ses froids, ses fronts, ses frondes.

C'est depuis que le monde est monde.

À l'image du cours du temps,
L'être, en soi, a ses contrevents,

A ses courbes et ses méandres,
Il a ses feux, il a ses cendres

Qu'il est sain de ne pas épandre
Quand l'air ambiant leur fait écran.

Il n'est pas d'hiver sans printemps.

Conciliabule

J'ai loué une corbeille
Et acheté un soleil.
Afin de lui rendre hommage,
J'ai dérobé un nuage
Sans sa pluie, sans ses grêlons.
Et à présent, je décolle
Ou plutôt nous décollons.
C'est l'envol, c'est le grand bond
Sans ma montre, sans boussole,
Sans prévoir, à l'avenir,
Où tous deux nous établir
Qu'elles que soient les saisons.

Si c'est l'été, j'attendrai
Qu'un jour aille se coucher
Pour qu'en beauté, mon soleil
S'offre et colore la mer.

Si sur terre, c'est l'hiver
Il choisira, à sa guise,
Luire ou changer de chemise
Surtout si – Ô sacrilège ! –
Des vents contraires l'assiègent.

Il me restera dès lors
À remiser la corbeille
Et à trouver le sommeil
Avant la nouvelle aurore.

Identité

En la ville, au hasard des rues,
Je glane, dès la nuit venue,
Tout un champ d'illusions perdues
Par des citadins qui préfèrent
Les zones d'ombre à la lumière.

Hors la ville, avant le matin,
Dans le port, je noie mon butin
Puis je regagne ma demeure,
Allégé et l'espoir au cœur.

Transfiguré en visionnaire,
Je moissonne l'or des chimères
Et les reflets de l'illusoire.
Ma vie n'est qu'un jeu de miroirs.

Regards

J'ai embué
Le miroir du couloir

Pour dessiner
Avec le doigt

Un autre que moi.

Derrière les paupières,
Le rêve a une clef
Qu'il ne prête à personne.

Derrière les paupières,
Le rêveur qui le sait
Ne s'en étonne guère.

Magma

Il se réveilla,
Toussa, éructa.
La quinte le reprit,
L'oppressa, l'étouffa.
D'un coup, il fit sauter le chapeau
Qu'il n'avait plus ôté
Depuis des décennies.
Il en sortit des pluies
De feu, de suies, de cendres.
Longtemps il hoqueta,
Bava, tira la langue
Tel un loup, flancs ouverts,
À bout de vie, exsangue.
Pas de foule accourue,
Peu de flashes,
De rares paysans de la montagne à vaches.
Alors, déçu, vexé, il referma la bouche,
Fit taire son étuve
Puis il se rendormit
Avec ses rêves de Vésuve.

De main en main

Depuis des ans, des millénaires,
La main est une messagère.

Elle se tend, se prend, se serre.
Elle est miroir, elle est mystère.

Mais la main en des eaux malsaines
Est source de honte, de haine

Et le foyer de nos déboires.
Ainsi qu'en témoigne l'Histoire.

Pierre

Qu'elle soit brute ou burinée,
Par la lumière apprivoisée,
La pierre parle de soleil
À qui veut y coller l'oreille.

Comme la nuit, elle est sans âge
Et d'une apparente froideur
Mais au-delà de son image,
Qui cherche bien trouve son cœur.

Palimpseste

Au-delà des présages,
Des lignes d'horizon,
Des présents sans partage,
Des années sans saison,
Des nuits de turbulences,
Des rumeurs, des silences,
Des aversions, des haines,
De la folie des vents,
Des joies, des peurs, des peines,
Des tours et des tourments,
Le poète à la page, en quête de beauté,
Se pose en messager des mots et des images
Qu'il imprime, à dessein,
Sur papier parchemin
Ou sur écran écrin
Et ainsi prête voix
Aux ondes infinies
Qui commuent les détroits
En des havres de vie.
C'est ainsi aujourd'hui,
Ce le sera demain.

Choix

Comme la craie d'un tableau noir,
Comme une source qui jaillit,
Comme un échec, comme un déboire,

Jamais un bonheur ne s'efface
Sans au moins laisser une trace
Grâce à laquelle il refleurit.

Souvenance

De temps en temps, je me surprends
À longer un ru ordinaire.
Mais ce n'est là qu'une apparence :
C'est le ruisseau de mon enfance,
Celui qui m'apprit à aimer
La salamandre et l'araignée,
Fût-elle d'eau ou entoilée.

Depuis, le ru n'a pas changé.
Il semble se moquer des ans,
Comme je tente de le faire,
En partenaire ou en complice
Quand l'existence se déplisse,
Amorce un regard en arrière
Dans la vallée d'un monde vert.

Amarres

Quand nous aurons atteint la rive,
Les roseaux, le dernier talus,
Pour parer l'ultime dérive,
Les contre-courants, les reflux,
Nous amarrerons notre barque
À la branche basse d'un saule,
Et serons les hôtes de marque
D'une volée d'oiseaux sans geôle.
Comme l'onde qui se ficelle
Entre les fleurs et le bois mort,
Nous nous encorderons les ailes
Pour dérouter les vents du nord,
Jusqu'au soir où, brisant l'amarre,
Tête haute et ailes ouvertes,
Notre fils reprendra la barre.
Lors nous deux, goélands inertes
Sur une plage sans soleil
Où jamais plus naîtra le jour,
Nous entoilerons un sommeil
À l'image de notre amour.

Mosaïques

Mosaïques de mots,
Mosaïques d'images,
Qui s'allient à propos,
Et partant se partagent.
Mots-clés qui symbolisent
Les esprits en éveil.
Mots-clés qui finalisent
L'interdit sans pareil.

Mosaïques de vers,
Mosaïques de rimes :

Poèmes éphémères
Comme le vert des cimes.

Table des matières

Diffusion et distribution en librairie

BENELUX

MAISON DE LA POÉSIE D'AMAY
BP 12, B–4540 AMAY
Tél. : + 32 (0) 85 31 52 32 – Fax : + 32 (0) 85 31 54 32
distribution@maisondelapoesie.com

FRANCE

LIBRAIRIE WALLONIE-BRUXELLES
46, rue Quincampoix 75004 PARIS
Tel. : + 33 (0)1 42 71 58 03 – Fax : + 33 (0)1 42 71 58 09
librairiewb@gmail.com

Diffusion internet

editions@maisondelapoesie.com

Nos publications et activités d'animation culturelle sont possibles grâce à l'aide du gouvernement de la Région wallonne, de la Promotion des lettres du ministère de la Fédération Wallonie-Bruxelles, du Service des Affaires culturelles de la province de Liège, de la Loterie nationale et de l'Administration communale d'Amay.

La Maison de la poésie est affiliée à l'association Espace Livres et Création, groupement d'éditeurs et d'opérateurs de Wallonie-Bruxelles ainsi qu'à la fédération européenne des Maisons de poésie Maipo. Elle participe à la Journée mondiale de la poésie de l'Unesco, au Printemps des poètes, à la Fureur de Lire et est à l'initiative du Nouvel An Poétique.

Le CEC plume & pinceau est un Centre de coordination artistique d'Expression et de Créativité reconnu et soutenu par le service de l'Éducation permanente de la Fédération Wallonie-Bruxelles.

Mosaïques pour le jour qui vient
de
Pierre Coran

l'Arbre à paroles

ISBN : 978-2-87406-714-3
Dépôt légal : 2022/2292/01

www.maisondelapoesie.com